글 롤 커비

초등학교 교사이자 숲 학교 지도자로 여러 해를 지내며 어린이로부터 많은 영감을 받아왔다. 번뜩이는 아이디어를 떠올릴 줄 아는 어린이들이야말로 변화의 주인공이라고 믿는다. 영국 잉글랜드에서 가족과 함께 살고 있으며 다정함, 단추 모양 다크 초콜릿, 조깅하며 신기한 구름 찾아내기를 좋아한다. 첫 책《어려도 지구는 우리가 구할 거야!》처럼 세상을 긍정적인 방향으로 바꿔 나가려는 모든 사람을 위해 이 책의 글을 지었다.

그림 야스 이마무라

필리핀계 미국인 일러스트레이터다. 이민자 출신으로 친절과 연대에서 비롯한 작은 행동이 공동체에 힘을 주고 사람들을 하나로 모으는 것을 몸소 경험했다. 카드 회사 '퀼 앤드 폭스'에서 일하는 동안 다른 사람들을 떠올릴 기회가 많았다. 접었다 폈다 하는 카드 한 장이 어떻게 각종 현대 기기들은 해내지 못하는 방식으로 서로의 거리를 메우는 다리 역할을 할 수 있는지 고민했다. 항상 뭔가를 끄적이기 좋아하며, 작업할 때는 어린 시절에 즐겨 읽은 책에서 영감을 얻는다.

옮김 손성화

대학교에서 역사와 정치, 국제 관계를 공부했다. 신문 기자 생활을 잠시 했고, 지금은 영어로 쓰인 좋은 책들을 우리말로 옮기는 일을 하고 있다. 옮긴 책으로 〈하이에나 패밀리〉 시리즈,《지구의 마지막 소녀》,《세상에 도전한 위대한 여성들》 등이 있다.

추천 마이클 플랫

9살 때부터 빵을 구웠다. 6살 때 역사적인 '워싱턴 행진'에 대해 배운 뒤로 불평등 문제에 관심을 기울이게 되었다. 언젠가 선물로 받은 신발 한 켤레에서 영감을 받아 일 대 일 기부 모델을 적용한 제과점 '마이클의 디저트'를 운영하기 시작하면서 판매한 빵의 개수만큼 형편이 어려운 사람들에게 빵을 기부하고 있다. 이제 15살이 된 마이클은 사회적 기업가이자 먹거리 정의 운동가로서 남을 위해 할 수 있는 일은 뭐든 해야 한다고 믿고 있다.

매일 작은 실천으로 더 나은 세상을 만드는
어린이 운동가 12명의 실제 이야기

어제보다 더 따뜻한 오늘을 만들어요

롤 커비 글 | 야스 이마무라 그림 | 손성화 옮김

세상의 모든 운동가들 모여라!

안녕, 나는 마이클이라고 해.

**11살 때부터 나는 굶주린 어린이들을 돕기 시작했어.
내가 운영하는 제과 회사와 비영리 단체를 통해 수천 개의 컵케이크와
수천 끼의 식사를 무료로 제공해 오고 있지.**

오늘날 우리가 사는 세계에는 몇 가지 큰 문제들이 있어.
그걸 알게 되면 겁이 나고 어떻게 해야 할지 모를 수도 있어.
하지만 사람들이 매일 각자 할 수 있는 일을 하면서 하나씩 풀어 나가면 돼.

이 책에 나오는 어린이들은
우리 한 사람 한 사람이 뜨거운 관심을 쏟는 문제에 맞서 행동한다면
힘을 합쳐 세상을 바꿔 나갈 수 있다는 사실을 깨닫게 해 줘.

우리가 사는 세상은 멋진 곳이야.
그리고 이 세계의 미래는 너희의 손에서 시작되지.
자, 그러니 주위를 둘러보고 다른 사람을 위해 뭔가를 해 보는 거야.
바로 오늘부터!

마이클 플랫
먹거리 정의 운동가, '마이클의 디저트' 창업자

**스페인에 사는
산 조르디 초등학교 학생들**

우리는 어린이들과 어르신들이
서로 어울리도록 도와요.

프랑스에 사는 마리아스트리드

나는 누구나 발레를 할 수 있도록
무용수들을 지원해요.

**남아프리카 공화국에 사는
크리스토퍼와 리스**

우리는 마라톤 수영을 통해
청소년 정신 건강을 지켜요.

세계 곳곳에서 다른 사람을 위해 활동하는
12명의 어린이를 소개합니다.
12가지의 이야기는 모두 실화예요!

필리핀에 사는 케즈

나는 거리에 사는
어린이들을 보호해요.

미국에 사는 허배너

나는 모든 어린이가 책에서
자신을 발견하도록 힘써요.

오스트레일리아에 사는 윈터

나는 마실 수 있는
깨끗한 물을 제공해요.

터키에 사는 셀린

나는 시각 장애인을 돕는
로봇 안내견을 발명했어요.

미국에 사는 케이티

나는 형편이 어려운 사람들에게 먹을거리를
제공하는 공동체 텃밭을 만들었어요.

영국에 사는 에밀리

나는 장애인들이 소외당하지 않고,
권리를 보호받을 수 있도록 도와요.

시리아에 사는 모하마드

나는 난민촌에 학교를 세워
어린이들 교육에 힘써요.

독일에 사는 엘레나

나는 바이올린 연주 공연 영상을
소셜미디어에 올려 음악가들에게
영감을 줘요.

중국에 사는 위추

나는 병들거나 다친 사람들을
돕는 일을 해요.

우리는 어린이들과 어르신들이 서로 어울리도록 도와요.

스페인의 산 조르디 초등학교 학생들은 지역 사회의 어르신들과 함께 시간을 보낼 방법을 찾고 싶었어요. 노인들은 하던 일을 그만두고 활동이 줄면 외로워질 수 있거든요. 그래서 어르신들을 초대하기로 했어요. 학교 과수원에서 다 같이 일하며 이야기도 나누고 서로 어울리는 거죠. 이 계획은 여러 해가 지나면서 발전해 갔어요. 이제는 함께 일하는 요령도 생겼고요. 학생들에게 바람이 있다면 지역의 다른 학교들도 참여하는 거랍니다.

남에게 다가서기 힘들어하는 외로운 사람에게는 단체 활동 초대가 큰 힘이 돼요.

가까운 곳에 친구나 가족 없이 홀로 사는 노인들이 아주 많아요.

인간은 누구나 외로움을 느껴요. 특히 나이 든 사람들이 외로움에 약하답니다.

글로리아 상회

나는 거리에 사는 어린이들을 보호해요.

한동안 또는 항상 거리에서 살아가는 어린이들이 수백만 명에 이르러요.

상처 부위가 덧나지 않도록 케즈가 어린이의 팔에 감긴 붕대를 갈아 주고 있어요.

케즈는 태어나면서부터 삶이 고달팠어요. 4살 때는 필리핀의 길거리에서 살았고요. 그러다가 사고를 당했지만 어느 사회복지사의 도움으로 먹을 걱정 입을 걱정 없이 학교까지 다니게 되었죠. 케즈는 어려운 시절을 잊지 않았어요. 그래서 생일을 맞아 거리에 사는 어린이들에게 샌들을 선물하면 좋겠다고 주변 어른들께 부탁했죠. 이 작은 행동을 키워 내 '챔피어닝 커뮤니티 칠드런'이라는 단체를 직접 세웠답니다.

이름: 케즈 밸디즈
나라: 필리핀
주요 활동: 거리의 어린이들 보호하기

거리에 사는 어린이들은 병원에 언제든지 갈 만한 형편이 안 돼 심하게 아플 수 있어요.

어린이들에게 생활 요령을 가르쳐 주면 미래를 준비하는 데 도움이 돼요.

거리에 사는 어린이들은 건강을 돌보는 게 힘들 수 있어요. 칫솔처럼 작은 물건 하나가 큰 변화를 가져다준답니다.

거리에 사는 어린이들이 안전한 보금자리를 찾기 전까지 따뜻한 보살핌과 도움의 손길이 필요해요.

나는 모든 어린이가 책에서 자신을 발견하도록 힘써요.

미국에 사는 허배너는 어린이들이 책 속에서 자신의 모습을 발견할 수 있도록 힘쓰고 있어요. 7살 때 교회 성가대의 독서 모임인 '시 짓는 독자'에서 흑인 아이들에게 흑인 등장인물들이 나오는 책을 나눠 주려고 모금 활동을 벌이기 시작했죠. 허배너는 여러 가지 주제 중에서도 특히 전 세계 여자 어린이들의 교육 문제에 목소리를 높이고 있어요. 독서가 얼마나 중요한지 알고 있거든요. 허배너는 인종, 성별, 환경에 상관없이 모든 어린이가 똑같이 배우고 성장하며, 나아가 세상을 바꿀 기회를 가져야 한다고 믿어요.

독서할 때 우리는 책에 나오는 사건과 감정, 경험, 등장인물들을 자신과 연결 짓곤 해요.

책을 읽는 어린이들은 더 행복하고, 더 건강하며, 더 창의적이랍니다.

허배너가 독서 모임에서 좋아하는 책을 소개하고 있어요.

나는 마실 수 있는
깨끗한 물을 제공해요.

오스트레일리아에 사는 서퍼인 윈터는 더러운 물을 마시는 사람들이 있다는 사실을 알고 나서 뭐든 해야겠다고 결심했어요. 그때 나이가 고작 9살이었는데 말이죠. 윈터는 모금 활동을 벌여 정수 필터를 사서 인도네시아의 '믄타와이 제도'라는 섬으로 향했어요. 깨끗한 물이 부족한 곳이었죠.
그리고 '서프 투 스쿨'이라는 모금 계획을 공들여 진행하기 시작했어요. 뜻깊은 일에 기부한 어린이들에게 학교에 입고 갈 수 있는 서핑복을 선물하는 거랍니다.

전 세계적으로 10명 중 1명은 집 근처에서 깨끗한 마실 물을 구할 수 없는 상황이에요.

정수 필터는 물을 정화하는 간편하고 효과적인 도구예요. 이것만 있으면 마실 물을 구하러 먼 길을 가지 않아도 되죠.

깨끗한 물은 건강하게 사는 데 중요해요. 깨끗한 물을 마시지 못하면 금세 탈이 날 수 있거든요.

정수 필터에는 세척기가 있어서 장치가 막히거나 속도가 느려지면 씻어 낼 수 있어요. 덕분에 오래 쓸 수 있죠.

깨끗한 물은 마실 물로만 쓰이는 게 아니에요. 몸과 집을 위생적으로 관리하는 데도 필요하답니다.

윈터가 정수 필터 장치를 설치하도록 도와주고 있어요.

이름: 윈터 빈센트
나라: 오스트레일리아
주요 활동: 깨끗한 마실 물을 제공하기

나는 누구나 발레를 할 수 있도록 무용수들을 지원해요.

프랑스의 발레 무용수인 마리아스트리드는 5살 때부터 춤을 추기 시작했어요. 그런데 발레는 문턱이 꽤나 높은 예술이랍니다. 마리아스트리드는 '발레 블랙'이라는 공연단에서 춤을 춰요. 흑인과 아시아인 무용수들을 지원하고 실력을 인정해 주면서 '모두를 위한 발레'를 목표로 활동하는 곳이죠. 이 공연단은 '프리드'라는 신발 제조 회사의 발레 슈즈를 신어요. 익숙한 분홍색 발레 슈즈 말고도 갈색과 구릿빛 발레 슈즈도 내놓는 곳이기 때문이랍니다.

발레는 육체적으로 아주 힘들어요. 차차 알게 될 테지만, 발레 무용수들은 아주 강인한 운동선수이자 연기자랍니다.

피부색에 맞춘 발레 슈즈를 신은 마리아스트리드가 연습실을 폴짝폴짝 누비고 다니네요.

나는 시각 장애인을 돕는 로봇 안내견을 발명했어요.

터키에 사는 셀린은 11살 때 로봇 제작법을 배운 뒤 동물에 대한 관심을 살려 자신만의 모델을 개발했어요. 처음에는 단순한 형태의 로봇개를 만드는 것부터 시작했죠. 반려견들이 사랑과 우정을 나누고, 시각 장애인의 일상생활에 도움이 된다는 것을 잘 알고 있었거든요. 셀린이 만든 최신 버전의 로봇개는 앉고, 짖고, 엎드릴 수 있어요. 지금은 영어만 알아듣지만 조만간 더 다양한 언어를 학습시키는 걸 목표로 삼고 있답니다.

셀린이 친구에게 로봇개가 공원을 돌아다니며 길을 안내하도록 설정하는 법을 가르쳐 주고 있어요.

로봇개는 길 건너기처럼 일상에서 마주치는 불편함을 줄여 시각 장애인이 혼자 힘으로 살아갈 수 있게 도와줄 수 있어요.

나는 형편이 어려운 사람들에게 먹을거리를 제공하는 공동체 텃밭을 만들었어요.

미국에 사는 케이티는 9살 때 과일과 채소를 길렀어요. 작디작은 묘목을 거대한 양배추로 키운 뒤 275명이나 되는 사람들에게 음식을 제공하는 동네 무료 급식소에 기부했죠. 이 일로 깨달음을 얻은 케이티는 '케이티의 농작물'이라는 단체를 세웠고, 현재 미국 전역에서 텃밭 1백여 곳을 일구고 있답니다. 청소년 텃밭 농부들은 성공적으로 농사를 시작하고 지속하는 법, 형편이 어려운 사람들이 먹을 수 있게끔 신선한 농작물을 기부하는 법을 배워요.

과일과 채소에는 우리 몸을 건강하게 유지하는 데 보탬이 되는 비타민과 무기질이 가득해요.

나는 장애인들이 소외당하지 않고, 권리를 보호받을 수 있도록 도와줘요.

영국에 사는 13살 에밀리는 장애인을 대표하여 캠페인을 벌이고 있어요. 에밀리는 여러 가지 건강 문제를 안고 태어나 3살 때부터 휠체어를 탔어요. 이런저런 어려움을 몸소 겪으면서 누구도 소외감을 느끼지 않는 세상을 만드는 데 힘을 보태기로 마음먹었답니다. 에밀리는 그동안 장애인이 공원을 쉽게 이용할 수 있게 만드는 방법을 여러 단체에 조언해 왔어요. 요즘은 아빠와 함께 장애인 슈퍼히어로가 등장하는 만화책을 짓고 있답니다.

이름: 에밀리 화이트
나라: 영국
주요 활동: 장애인의 인권과 권리를 보호하고 캠페인 활동 벌이기

서로의 다름을 다정한 마음으로 끌어안는 게 중요해요.

인간이라면 누구나 가게, 식당, 영화관, 공원 등 공공장소를 드나들고 안전하게 이용할 권리가 있어요.

우리는 마라톤 수영을 통해 청소년 정신 건강을 지켜요.

남아프리카 공화국에 사는 12살 동갑내기 크리스토퍼와 리스는 친구들이 말 못 할 고통을 겪고 있다는 사실을 알고 행동에 나섰어요. 수영에 대한 열정이 남다른 크리스토퍼는 친구인 리스와 함께 12시간 '마라톤 수영' 행사를 열었어요. 정신 건강 문제는 끝이 보이지 않는 힘겨운 싸움 같지만, 도움을 받으면 좀 더 쉽게 관리할 수 있다는 걸 보여 주려고요. 두 친구가 세운 단체인 '스윔 포 체인지'에서는 마라톤 수영 행사로 모은 돈으로 여러 학교에 정신 건강 증진법을 소개하고 있답니다.

크리스토퍼와 리스가 고된 장거리 수영을 완주하고 나서 축하하고 있어요.

정신 건강 지킴이 스윔 포 체인지

잘 자고, 잘 먹고, 운동하고 쉬는 시간을 가지면 정신 건강이 좋아져요.

'정신 건강'이란 지금 기분이 어떤지, 어려움을 얼마나 잘 감당할 수 있는지 설명하는 용어예요.

정신 건강은 시간마다, 날마다, 달마다 달라질 수 있답니다.

나는 난민촌에 학교를 세워 어린이들 교육에 힘을 보탰어요.

모하마드는 12살 때 고향인 시리아를 도망치듯 떠나야 했어요. 나라의 상황이 너무 위험해졌거든요. 모하마드는 가족과 함께 탈출하여 레바논의 난민촌으로 가게 되었고, 더 이상 학교에 다닐 수 없었죠. 그래서 같은 처지의 어린이들에게 변화를 가져다줄 일을 하겠다고 나섰어요. 난민촌에 학교를 세우고 수학과 사진 찍는 법을 가르치기 시작했죠. 얼마 안 있어 다른 사람들도 교육에 동참하기 시작했답니다.

난민이란 위험한 상황에 빠진 조국을 떠나와 집으로 무사히 돌아갈 수 없게 된 사람을 말해요.

나는 바이올린 연주 공연 영상을 소셜미디어에 올려 음악가들에게 영감을 줘요.

독일에 사는 엘레나는 불과 11살 때 한저대학교에 들어갔어요. 역대 최연소 바이올리니스트였죠. 바이올린 공부에 혼신의 힘을 다한 결과, 나이가 훨씬 많은 음악가들과 어깨를 나란히 하게 되었답니다. 이듬해에는 〈슈퍼키즈〉라는 독일의 장기 경연 텔레비전 프로그램에서 연주 실력을 뽐냈고요. 엘레나는 소셜미디어에 연습 영상과 공연 영상을 올려 음악 사랑을 나누고 있어요. 전 세계에서 지켜보는 청소년 음악가들에게 영감을 주려고요.

엘레나의 바이올린 연주에 관객들이 기립 박수를 보내고 있어요!

나는 병들거나 다친 사람들을 돕는 일을 해요.

중국 원촨에서 대지진이 발생했을 때 14살이었던 위추는 돌무더기에 깔려 크게 다쳤어요. 일단 몸을 추스르자 자신이 도움받았던 대로 남을 돕기로 마음먹었죠. 지금은 여러 병원과 진료소에서 간호사로 일하고 있답니다. 외딴 마을에 사는 환자들이 집 밖으로 나갈 수 없을 때 직접 찾아가 보기도 하고요.

외딴 지역에는 노인들이 아주 많아요. 대부분 오랫동안 병을 앓거나 몸이 불편해서 병원 진료를 받으러 먼 길을 오갈 수 없죠.

간호사는 사람들을 보살펴 건강을 지키고, 때로는 목숨까지 구할 수 있는 방법을 교육받아요.

이름: 첸 위추
나라: 중국
주요 활동: 취약 계층에 의료 서비스 제공하기

어떤 환자들은 간호사와 나누는 대화가 바깥세상과의 유일한 소통이기도 해요. 그런 환자들에게는 방문 진료가 정신 건강과 행복에 중요하답니다.

외딴 지역에 사는 수백만 명의 주민들은 지진 같은 재난에 취약해요.

위추가 증상을 설명하는 환자의 말을 귀담아듣고 있어요.

간호사가 되려면 여러 해 동안 헌신적인 마음가짐으로 공부해야 해요.

매일 작은 실천으로 더 나은 세상을 만들려면 나는 어떤 일을 할 수 있을까요?

여러 연구 결과에 따르면, 요즘 우리는 다른 사람과 연결되어 있다는 느낌을 예전보다 덜 느낀다고 해요. 노동 시간이 늘고, 공부나 일을 하러 먼 곳으로 가는가 하면, 기술이 발전한 덕분에 사람을 통하지 않고도 일상생활을 해나갈 수 있으니까요. 가족이나 친구, 학교나 동아리 같은 집단의 구성원이라는 소속감은 건강과 행복에 중요한 요소예요. 남을 도우면 서로 더 가까워질 수 있고요. 우리가 어디서든 친절함을 널리 퍼뜨리는 일을 하면 모두가 이로워진답니다.

1. 정중하고 예의 바른 태도로 말을 건네며 도와주세요. 주변 사람들에게 질문을 던지고 대답을 귀담아들으면 인생의 지혜를 배울 수 있답니다.

2. 푹 빠질 만한 취미를 찾아 사람들에게 영감을 주세요. 취미는 관심사가 같은 이들과 만나는 훌륭한 수단이에요. 여러분의 열정을 가능한 한 많은 사람과 나누면서 그들도 함께하게끔 용기를 북돋워 주세요.

3. 고민이 있는 사람에게는 잘 들어주는 귀를 내어주세요. 도와 달라는 부탁을 받으면 도움을 주세요. 다만, 늘 조급하게 해법을 찾아내지는 말고요. 가끔은 걱정거리를 툭 털어놓으며 마음의 짐을 덜어야 할 때도 있으니까요.

4. 주변 사람들에게 기쁨을 주는 예술 창작 활동을 해 보세요. 음악, 글쓰기, 춤 등 즐겁게 할 만한 것이라면 뭐든 괜찮아요. 자신을 표현하면 사람들을 서로 연결하고, 각자의 경험을 공유하도록 이끌 수 있답니다.

5. 사람들을 한자리에 모아 행복을 더 많이 느끼게 해 주세요. 홀로 사는 이웃들의 모임을 열거나, 학교에서 중고 물품 바자회를 준비하는 등 실제로 도움이 될 만한 일을 실천해 보세요.

6. 집안일을 거들어서 가족을 도와주세요. 요리, 청소, 그밖에 집안일을 두루 나누면 온 식구가 더 편하게 지낼 수 있어요. 집안일을 하는 과정에서 알아두면 좋은 각종 요령을 배울 수도 있고요.

7. 학생회에 참여해 아이디어를 나누면서 좀 더 나은 학교를 만들어 가세요. 의미 있다고 생각하는 주제에 관해 직접 나서서 다른 사람들에게 이야기하면 변화를 만들 수 있답니다.

8. 절약하기·재사용하기·재활용하기를 통해 주변 환경을 보호해요. 지구를 돌보기 위해 우리가 실천할 방법이 많아요. 다른 사람들도 동참하도록 힘을 실어 준다면 그 효과가 훨씬 커지겠죠.

9. 인종 차별이나 불평등처럼 중요한 사회 문제에 대해 스스로 공부하세요. 배워서 알게 된 지식을 다른 사람들과 나누면서 세상을 바꿔 나갈 방법을 찾아낼 수 있어요.

10. 나눔을 통해 모두가 필요한 것을 충분히 누리도록 해 주세요. 많은 사람이 자원을 지나치게 많이 소비해요. 다른 사람에게 돌아가는 몫은 그만큼 줄어들죠. 따뜻하게 배려한다면 뭐든 더 공평하게 나눠 쓸 수 있답니다.

남에게 도움이 되는 일을 하는 10가지 방법

1. 작은 것부터 시작해서 차근차근 쌓아 올라가세요. 학교나 동네에서 힘든 처지의 사람들을 살피고, 어떻게 도울 수 있을지 고민해 보세요.

2. 같은 목표를 향해 나아가는 사람들과 협력하세요. 팀을 이루어 협동하면 큰 과제를 더 잘 다룰 수 있답니다.

3. 계획을 세웠다면 선생님이나 신문·잡지에 알리세요. 아이디어를 널리 퍼뜨려 사람들의 관심을 모으는 데 도움이 된답니다.

4. 나라 안팎의 최신 뉴스를 놓치지 마세요. 뉴스를 보고 듣고 읽으면 지금 가장 도움이 필요한 사람이 누구인지 판단하는 데 도움이 돼요.

5. 청원 활동을 벌이세요. 어떤 문제에 관심이 있고 변화를 바라는 사람들이 상당히 많다는 것을 보여 주는 좋은 방법이에요.

6. 뜻깊은 목표를 이루기 위해 크라우드 펀딩 캠페인을 시작하세요. 적은 돈이라도 많은 사람이 기부하면 큰 변화를 이루어 낼 수 있답니다.

7. 기회가 있을 때마다 목소리를 내세요. 대화로 설득하는 과정에서 변화가 시작될 수 있어요. 다른 사람의 이야기에 귀 기울이면서 배우기도 할 테고요.

8. 지역 사회의 적극적인 구성원이 되세요. 여러 지역 모임에 참여하면 새로운 사람들을 만나게 되고, 그들에게 중요한 것이 뭔지 알게 된답니다.

9. 자원 봉사 활동 기회를 찾아보세요. 시간을 내어 뜻깊게 여기는 일을 하는 것은 아주 보람찬 경험이 될 거예요. 다른 사람들에게 보탬도 되고요.

10. 지역 국회 의원이나 지방 의회에 편지를 써 보내세요. 의원이나 정치인은 더 큰 변화를 이뤄 낼 힘이 있으니까요.

더 알아보기

다정한 세상을 만들기 위해 나는 무엇을 할 수 있을까요? 아래 웹사이트를 방문해 보세요.

다 함께 do-it.org
세상을 바꾸는 일 dosomething.org
행복을 위한 행동 actionforhappiness.org
마이클의 디저트 michaelsdesserts.com
아동 권리 운동 kidsrights.org
서퍼 윈터 wintervincent.com
흑인 발레단 balletblack.co.uk
영웅적인 소녀들 womenyoushouldknow.net
세계의 소녀 digitalgirlaward.com
케이티의 농작물 katieskrops.com
장애 인권 보호 departmentofability.com
정신 건강 지킴이 swimforchange.co.za

피카 인물 그림책 01

어제보다 더 따뜻한 오늘을 만들어요
매일 작은 실천으로 더 나은 세상을 만드는 어린이 운동가 12명의 실제 이야기

1판 1쇄 인쇄 2023년 1월 5일 | **1판 1쇄 발행** 2023년 1월 20일
글 롤 커비 | **그림** 야스 이마무라 | **옮김** 손성화
펴낸이 김봉기 | **출판총괄** 임형준 | **편집** 김민정, 안진숙 | **디자인** 신자용 | **마케팅** 선민영, 최은지
펴낸곳 FIKA JUNIOR(피카주니어) | **주소** 서울시 서초구 서초대로77길 55 9층
전화 02-3476-6656 | **팩스** 02-6203-0551 | **홈페이지** https://fikabook.io | **이메일** junior@fikabook.io
등록 2020년 9월 28일 (제 2020-000281호)

ISBN 979-11-974191-7-1 (74330) | **ISBN** 979-11-974191-9-5 (세트)

Do Something For Someone Else © 2021 Magic Cat Publishing Ltd
Written by Loll Kirby
Foreword by Michael Platt
Illustrations © 2021 Yaz Imamura
Text © 2021 Magic Cat Publishing
First Published in the UK by Magic Cat Publishing Ltd.
Korean translation rights © 2023 FIKA
Korean translation rights are arranged through LENA AGENCY, Seoul, Korea.
All rights reserved.

이 책은 레나 에이전시를 통한, 저작권자와의 독점계약으로, 한국어판 저작권은 "FIKA"에 있습니다.
저작권법에 의해 한국 내에서 보호를 받는 저작물이므로 무단 전제 및 복제를 금합니다.

• 책값은 뒤표지에 있습니다.   • 파본은 구입하신 서점에서 교환해 드립니다.
• 이 책은 저작권법에 의하여 보호를 받는 저작물이므로 무단 전재와 복제를 금합니다.
• 제조국 대한민국 | 사용연령 4세 이상   • 주의사항 종이에 손이 모서리에 다치지 않도록 주의하세요.

피카 출판사는 독자 여러분의 아이디어와 원고 투고를 기다리고 있습니다.
책으로 펴내고 싶은 아이디어나 원고가 있으신 분은 이메일 junior@fikabook.io로 보내주세요.

내가 하고 싶은 일을 적어 봐요.

13번째 사회적 운동가가 되어 보세요.

나는 _____ 해요.

이름:

국가:

주요 활동: